BEI GRIN MACHT SICH IHR WISSEN BEZAHLT

Quantitative Datenanalyse. Diskriminanzanalysen, Streudiagramme und deskriptive und inferenzstatistische Analysen mit SPSS

Stefan S.

Bibliografische Information der Deutschen Nationalbibliothek:

Die Deutsche Nationalbibliothek verzeichnet diese Publikation in der Deutschen Nationalbibliografie; detaillierte bibliografische Daten sind im Internet über http://dnb.d-nb.de abrufbar.

ISBN: 9783346701855
Dieses Buch ist auch als E-Book erhältlich.

Druck und Bindung: Books on Demand GmbH, Norderstedt Germany
Gedruckt auf säurefreiem Papier aus verantwortungsvollen Quellen

Das Buch bei GRIN: https://www.grin.com/document/1263698

Einsendeaufgabe

Quantitative Datenanalyse

Alternative C

Quantitative Datenanalyse: Diskriminanzanalysen, Streudiagramme und deskriptive und inferenzstatistische Analysen mit SPSS

hochgeladen am 09.02.2022 auf den eCampus

SRH Fernhochschule

Modul: Quantitative Datenanalyse
Studiengang: B. Sc. Psychologie

von
Stefan S.

Inhaltsverzeichnis

3

Abkürzungsverzeichnis

Abb.	Abbildung
Bsp.	Beispiel
bspw.	beispielsweise
s.	siehe
SPSS	Statistical Package for the Social Sciences
Tab.	Tabelle
VIF	Varianz-Inflations-Faktor

Abbildungsverzeichnis

4

Tabellenverzeichnis

1 Teilaufgabe 1: Die Diskriminanzanalyse

Das erste Kapitel befasst sich mit den Fragestellungen der Diskriminanzanalyse, die mithilfe der Statistik- und Analyse-Software „Statistical Package for the Social Sciences" (SPSS) angewendet werden soll. Vorerst wird jedoch der theoretische Aspekt behandelt, indem in Unterkapitel 1.1 die Fragestellungen und Grundlagen definiert werden, damit in Unterkapitel 1.2 der inhaltliche und mathematische Ablauf der Analyse erläutert wird. Aufbauend auf der Theorie, soll in Unterkapitel 1.3 die Durchführung einer Diskriminanzanalyse an einem beispielhaften Datensatz durch SPSS demonstriert werden. Das Vorgehen und die Ergebnisse werden anhand von Screenshots erläutert und interpretiert.

1.1 Fragestellungen und Grundlagen der Diskriminanzanalyse

„Die Diskriminanzanalyse behandelt das Problem, ein Individuum aufgrund von Merkmalen einer von mehreren fest vorgegebenen Gruppen zuzuordnen."[1] Es handelt sich also um ein multivariates Verfahren zur Untersuchung von Unterschieden zwischen mindestens zwei Gruppen.[2] Dabei besteht das Ziel darin, die zu erklärende, abhängige Variable anhand der erklärenden, unabhängigen Variablen zu definieren. Hierfür werden die gemeinsamen Ausprägungen beider Variablenarten für die Suche nach Zusammenhängen genutzt, sodass sie in mathematischer Form ausformuliert werden können, wodurch es möglich wird in Fällen, bei denen lediglich die Ausprägungen der unabhängigen Variablen vorliegen, die Werte der zu definierenden Variablen zu schätzen.[3]

Die Durchführung einer Diskriminanzanalyse kann sich entweder mit der Diskriminierungs- oder Klassifizierungsaufgabe befassen. Im Rahmen der Diskriminierungsaufgabe wird untersucht, wie die Analyseergebnisse genutzt werden können, um die beschreibenden Variablen zu erfassen, die die Gruppenunterschiede ausmachen. Die Klassifizierungsaufgabe hingegen widmet sich der Vorhersehbarkeit der Gruppenzugehörigkeit bei neuen Beobachtungen mit neuen beschreibenden Variablen, wobei feststehen muss, welchen Einfluss diese unabhängigen Variablen auf die Gruppenzugehörigkeit haben.[4] Inwiefern unterscheiden sich beispielsweise die Wähler politischer Parteien in ihren

---

[1] Trampisch (1985), S. 57
[2] Vgl. Leonhart (2017), S. 649
[3] Vgl. Brosius (2018), S. 753
[4] Vgl. Backhaus/Erichson/Gensler/Weiber/Weiber (2021), S. 225

Eigenschaften voneinander? Diese Frage lässt sich mithilfe einer Diskriminanzanalyse beantworten. Die nominale Variable gibt an, welche Partei gewählt wird, während die Beschreibung der Wähler durch eine ordinalskalierte Variable erfolgt. Daraufhin kann untersucht werden, welche Eigenschaften die verschiedenen Wählergruppen voneinander unterscheiden. Die nominale abhängige Variable spiegelt die Gruppe wider, zu der ein Objekt oder Subjekt gehört. Sie werden durch mehrere metrisch skalierte unabhängige Variablen beschrieben. Welche beschreibenden Variablen dabei berücksichtigt werden, liegt den theoretischen Überlegungen des Anwenders zugrunde.[5]

Um das Vorgehen einer Diskriminanzanalyse vereinfacht darzustellen, bietet sich ein Vergleich mit der Varianzanalyse an, welche die Unterschiede in intervallskalierten abhängigen Variablen durch nominale unabhängige Variablen aufzeigt, während die Diskriminanzanalyse die Unterschiede in nominalen abhängigen Variablen durch intervallskalierte unabhängige Variablen erklärt. Somit ist die Diskriminanzanalyse eine umgekehrte Varianzanalyse. Für die Auswahl der unabhängigen Variablen oder Prädikatoren wird eine lineare Funktion bestimmt, die durch eine Gruppenteilung die Trennwerte bestimmt, die die Zuordnung zu den Gruppen angeben. Dabei ist bei der Diskriminanzanalyse immer von einer linearen Funktion und einem linearen Zusammenhang auszugehen.[6]

1.2 Inhaltlicher und mathematischer Ablauf

Die Durchführung einer Diskriminanzanalyse besteht aus sechs Stufen, wobei in der ersten Stufe die Gruppen und somit die Kategorien der abhängigen Variablen definiert werden. Im zweiten Schritt sollen mögliche Diskriminanzfunktionen beziehungsweise beschreibende Variablen spezifiziert werden. Im dritten Schritt werden die Diskriminanzfunktionen geschätzt, die die Gruppen eindeutig voneinander trennen, woraufhin die ausgewählten Variablen hinsichtlich ihrer Trennschärfe im vierten Schritt überprüft werden. In der fünften Stufe gilt es, den Einfluss der verschiedenen Merkmale zu analysieren, bevor abschließend im sechsten Schritt aufgezeigt werden kann, wie neue Stichprobenelemente aufgrund ihrer beobachteten Merkmale zu klassifizieren und zuzuordnen sind.[7]

Die Auswahl der Gruppen muss in Form von kategorialen Variablen ausgedrückt werden, wobei sich die verschiedenen Gruppen gegenseitig ausschließen müssen. Für die

---

[5] Vgl. Backhaus et al. (2021), S. 224-225
[6] Vgl. Leonhart (2017), S. 650
[7] Vgl. Backhaus et al. (2021), S. 226; Leonhart (2017), S. 651

Gruppenbestimmung lässt sich entweder die vorliegende Forschungsfrage oder das Ergebnis einer Clusteranalyse nutzen, durch die Ähnlichkeiten in Datenbeständen aufgedeckt werden.[8] Bei der Gruppendefinition ist es außerdem wichtig herauszustellen, ob eine ähnlich große Anzahl an Gruppen vorliegt oder ob es Extremgruppen gibt, bei denen eine Diskriminanzanalyse nicht zielführend wäre. Alternativ können mehrere unterschiedlich große Gruppierungen zu einer allgemeinen Gruppe zusammengefasst werden. Dabei sollte die Anzahl an Gruppen nicht höher sein als die Anzahl an Prädikatoren. Pro Prädikator und Kategorie müssen dabei mindestens 20 Personen vereint werden können.[9]

Bei der Diskriminanzanalyse werden die Individuen durch intervallskalierte, multivariate und normalverteilte Merkmalsvariablen (x_1, x_2, x_3..., x_p) beschrieben, wobei eine kategoriale Variable die Gruppenzugehörigkeit vorgibt. Die Summe aller Merkmalsvariablen wird durch eine Linearkombination in eine oder mehrere Diskriminanzfunktionen ausgedrückt: $y = b_0 + b_1 \cdot x_1 + b_2 \cdot x_2 + (...) + b_p \cdot x_p$.[10] Die Koeffizienten (b_0 und b_p) werden so geschätzt, dass sich die Gruppen in den Werten der jeweiligen Diskriminanzvariable (y) möglichst signifikant voneinander unterscheiden. Da die Variable y metrisch ist, kann sie lediglich als Prädikator zur Vorhersage der Gruppenzugehörigkeit dienen.[11]

Für die Schätzung der Diskriminanzfunktion sowie der Koeffizienten (b_0 und b_p) ist es entscheidend, dass sich die Gruppen durch b_p hinreichend voneinander unterscheiden lassen. Dieses Ziel wird mithilfe eines Diskriminanzkriteriums erreicht, welches die Unterschiede in den Werten der Gruppierungsvariablen maximiert. Hierbei kann zur Ermittlung der effizientesten Variablen ein Streudiagramm eingesetzt werden, sodass die Merkmale, die sich am stärksten in ihren Werten voneinander unterscheiden, identifiziert werden können.[12] Dadurch, dass sich die Varianz zwischen den Gruppen maximal von der Varianz innerhalb der Gruppen unterscheidet, kann die Diskriminanzfunktion die Gruppenzugehörigkeit mit höchster Wahrscheinlichkeit vorhersagen. Zur Ermittlung der Diskriminanzfunktion wird am häufigsten Wilks Lambda eingesetzt, das den Anteil der nicht-erklärten Varianz beschreibt und über den Maximalwert des Diskriminanzkriteriums ermittelt wird. Ist der Wert klein, liegt eine gute Trennleistung vor.[13]

Um die ermittelte Diskriminanzfunktion prüfen zu können, bietet sich das Diskriminanzkriterium an, welches mit dem Maximalwert ein Maß für die Trennkraft angibt.

---

[8] Vgl. Backhaus et al. (2021), S. 227
[9] Vgl. Leonhart (2017), S. 651
[10] Vgl. Leonhart (2017), S. 651
[11] Vgl. Backhaus et al. (2021), S. 228
[12] Vgl. Backhaus et al. (2021), S. 229-230
[13] Vgl. Leonhart (2017), S. 653-654

Außerdem können die Werte der geschätzten und tatsächlichen Gruppenzugehörigkeit miteinander verglichen und somit alle Beobachtungen anhand einer Häufigkeitstabelle klassifiziert werden.[14] Je höher die Trefferquote bei der Gruppenzuteilung, umso höher die Trennkraft. Wie diese Trefferquote jedoch zu interpretieren ist, hängt von der Trefferquote einer zufälligen Zuordnung von Beobachtungen ab. Vergleicht man beide Werte miteinander, muss die Diskriminanzfunktion eine signifikant höhere Trefferquote aufweisen als beim Zufallsprinzip, sodass eine hohe Trennkraft vorliegt.[15] Die Diskriminanzkoeffizienten hängen von den beschreibenden Variablen innerhalb der Diskriminanzfunktion ab, wodurch auch diese Variablen auf ihre Trennschärfe hin geprüft werden müssen. Unterscheidet sich eine beschreibende Variable signifikant über die Gruppe hinweg, kann von einer hohen Trennschärfe ausgegangen werden. Für eine genaue Beurteilung eignet sich sowohl Wilks Lambda als auch der Wert des Diskriminanzkriteriums, auf dessen Grundlage ein sogenannter F-Test durchgeführt wird.[16]

Treten neue Beobachtungen oder Merkmale auf, können sie anhand der bestehenden Diskriminanzfunktionen direkt den entsprechenden Gruppen zugeordnet werden. Für die Klassifizierung neuer Elemente bieten sich das Distanzkonzept, das Konzept der Klassifizierungsfunktionen und das Wahrscheinlichkeitskonzept an. Diese Konzepte unterscheiden sich in mehreren Punkten voneinander. So werden bspw. beim Distanzkonzept keine A-priori-Wahrscheinlichkeiten berücksichtigt, welche die Wahrscheinlichkeit dafür angeben, dass ein bestimmtes Element zu einer spezifischen Gruppe gehört. Im Rahmen des Distanzkonzeptes wird die euklidische Distanz (D_{ig}) im Diskriminanzraum berechnet, die das neue Element jener Gruppe zuordnet, zu der innerhalb des Diskriminanzraums die geringste Distanz besteht. Bei den Klassifizierungsfunktionen werden die Diskriminanzfunktionen ausgeschlossen und die Zuordnung neuer Beobachtungen erfolgt nur durch die beschreibenden Variablen. Dabei wird für jede Gruppe eine eigene Klassifizierungsfunktion ermittelt.[17] Alternativ wird im Rahmen des Wahrscheinlichkeitskonzepts, welches auf dem Distanzkonzept aufbaut, jedes neue Element einer Gruppe zugeordnet, für die die Wahrscheinlichkeit maximal ist. Dabei basiert sie auf dem jeweiligen Diskriminanzwert und wird mithilfe des Bayes-Theorems berechnet.[18]

---

[14] Vgl. Backhaus et al. (2021), S. 240
[15] Vgl. Backhaus et al. (2021), S. 245
[16] Vgl. Backhaus et al. (2021), S. 246-248
[17] Vgl. Backhaus et al. (2021), S. 249-250
[18] Vgl. Backhaus et al. (2021), S. 252-253

1.3 Die Diskriminanzanalyse in SPSS

Auf der Grundlage der theoretischen Ausführungen soll nun eine Diskriminanzanalyse mithilfe von SPSS durchgeführt werden. Für diese praktische Umsetzung wird ein Datensatz aus einer Befragung von 100 Studierenden verwendet, der sich unter anderem mit den verschiedenen Persönlichkeitsmerkmalen und dem Gesundheitszustand der Befragten befasst. Ziel wird es sein, die einzelnen relevanten Persönlichkeitsmerkmale für die Bestimmung der Gruppenzugehörigkeit zu ermitteln. Die beiden Gruppen sind in diesem Fall: „viele versus wenige Symptome" (pill_sum_g). Als unabhängige Variablen werden die Merkmale „Positive Affektivität" (PA_g) und „Negative Affektivität" (NA_g), die verschiedenen Persönlichkeitsmerkmale (BFI_extra, BFI_neuro, BFI_gewis, BFI_vertrag, BFI_offen) sowie das Geschlecht verwendet. Hierfür wird zuerst das praktische Vorgehen erläutert, bevor anschließend die Ergebnistabellen interpretiert werden.

1.3.1 Praktisches Vorgehen

Nachdem der entsprechende Datensatz in SPSS geöffnet wurde, kann unter den Befehlen „Analysieren > Klassifizieren" der Menüpunkt „Diskriminanzanalyse" ausgewählt werden. Das neue Menüfenster zeigt nun die verfügbaren Konfigurationen, die der Anwender für die Durchführung der Diskriminanzanalyse hat (siehe Abbildung 1).

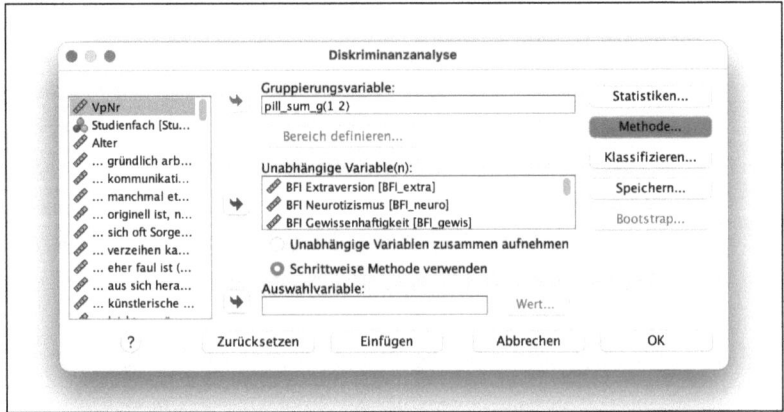

Abbildung 1: Menüfenster „Diskriminanzanalyse".
(Quelle: Eigene Darstellung.)

Als Gruppierungsvariable werden die Symptomgruppen (pill_sum_g) ausgewählt, wobei der definierte Bereich zwischen eins und zwei liegen muss, da bei den Gruppen zwischen vielen und wenigen Symptomen unterschieden wird. Die Auswahl der unabhängigen Variablen beschränkt sich zum einen auf die fünf Persönlichkeitsmerkmale, nämlich Extraversion (BFI_extra), Neurotizismus (BFI_neuro), Gewissenhaftigkeit (BFI_gewis), Verträglichkeit (BFI_vertrag) und Offenheit (BFI_offen). Zum anderen werden zusätzlich noch die positive und negative Affektivität (PA_g, NA_g) und das Geschlecht miteinbezogen. Um am Ende Wilks Lambda als ein Maß für die Modellgüte zu bekommen, muss die schrittweise Methode verwendet werden, wobei die Voreinstellungen von SPSS unter dem Punkt „Methode…" unverändert bleiben können. Damit es bei der Auswertung der A-priori-Wahrscheinlichkeit nicht zu Verzerrungen kommt, muss im Menüpunkt „Klassifizieren…" die Option „Aus der Gruppengröße berechnen" ausgewählt werden (s. Abb. 2). Für die Ergebnisanzeige wird neben einer fallweisen Darstellung für eine genauere Betrachtungsmöglichkeit ebenfalls die Klassifikation mit Fallauslassung ausgewählt.

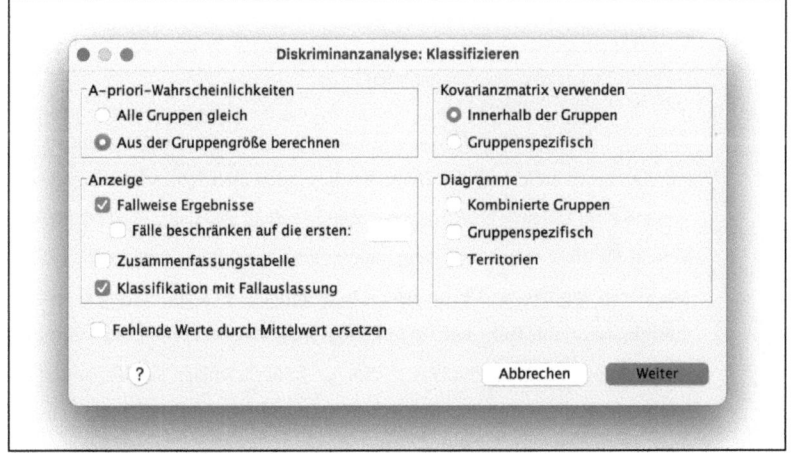

Abbildung 2: Menüfenster „Diskriminanzanalyse: Klassifizieren".
(Quelle: Eigene Darstellung.)

Die restlichen Optionen, die von SPSS für eine Diskriminanzanalyse zur Verfügung gestellt werden, sind für den vorliegenden Datensatz nicht relevant, sodass die Analyse ausgeführt und im Ausgabefenster mithilfe der Ergebnistabellen interpretiert werden kann.

1.3.2 Ergebnisinterpretation

Das Ausgabefenster von SPSS zeigt nun die Ergebnisse der Diskriminanzanalyse aufgeteilt in mehreren Tabellen, wobei nicht jedes Ergebnis gleichermaßen relevant ist. Die
erste Tabelle veranschaulicht die Analyse der verarbeiteten Fälle (s. Tabelle 1), wo aufgelistet wird, wie viele Fälle von der Gesamtanzahl in der Analyse beachtet wurden.

Analyse der verarbeiteten Fälle.

Ungewichtete Fälle		N	Prozent
Gültig		99	99,0
Ausgeschlossen	Fehlende oder außerhalb des Bereichs liegende Gruppencodes	0	,0
	Wenigstens eine Diskriminanzvariable fehlt	0	,0
	Beide fehlenden oder außerhalb des Bereichs liegenden Gruppencodes und mindestens eine fehlende Diskriminanzvariable	1	1,0
	Gesamtzahl der ausgeschlossenen	1	1,0
Gesamtzahl der Fälle		100	100,0

Tabelle 1: Analyse der verarbeiteten Fälle.
(Quelle: Eigene Darstellung.)

In diesem Fall konnten 99 von 100 Fällen in die Analyse aufgenommen werden, wobei
ein Fall einen außerhalb des Bereiches liegenden oder fehlenden Gruppencode und mindestens eine fehlende Diskriminanzvariable enthält und daher ausgeschlossen wurde. Den
Grund für diese Ausnahme kann man innerhalb des Programmfensters zur Datenansicht
nachlesen, wo bei der Versuchsperson „Nummer 31" kein Eintrag in der Gruppenzuge-
hörigkeitsvariable (pill_sum_g) hinterlegt ist. Außerdem fehlen die Einträge zur positiven
und negativen Affektivität (PA_g, NA_g). In der nächsten Tabelle wird die Gruppenstatistik angezeigt (s. Tab. 2), die die Aufteilung der individuellen Fälle in die beiden Gruppen „wenige Symptome" und „viele Symptome" veranschaulicht. Wie man sieht, liegt
beim Datensatz eine beinahe gleich große Gruppierung vor, mit 49 Fällen, die von wenigen Symptomen und 50 Fällen, die von vielen Symptomen berichten.

Gruppenstatistik

Symptomgruppen (viele vs. wenige Symptome)		Gültige Werte (listenweise) Ungewichtet	Gewichtet
wenige Symptome	BFI Extraversion	49	49,000
	BFI Neurotizismus	49	49,000
	BFI Gewissenhaftigkeit	49	49,000
	BFI Verträglichkeit	49	49,000
	BFI Offenheit	49	49,000
	Positive Affektivität PANAS	49	49,000
	Negative Affektivität PANAS	49	49,000
	Geschlecht	49	49,000
viele Symptome	BFI Extraversion	50	50,000
	BFI Neurotizismus	50	50,000
	BFI Gewissenhaftigkeit	50	50,000
	BFI Verträglichkeit	50	50,000
	BFI Offenheit	50	50,000
	Positive Affektivität PANAS	50	50,000
	Negative Affektivität PANAS	50	50,000
	Geschlecht	50	50,000

Tabelle 2: Gruppenstatistik (gekürzt).
(Quelle: Eigene Darstellung.)

Beginnend mit der schrittweisen Statistik führt SPSS nun die aufgenommenen Variablen auf, die einen signifikanten Wert für die Diskriminanzanalyse erbringen (s. Tab. 3). Im vorliegenden Beispiel wurden lediglich die Geschlechtsvariable und das Merkmal der negativen Affektivität aufgenommen. Durch die Hinzunahme einer neuen Variablen minimiert sich der F-Wert von Wilks Lambda, bleibt jedoch mit 0,867 und 0,808 relativ hoch, was Auswirkung auf die Trennstärke hat.

Aufgenommene/Entfernte Variablen[a,b,c,d]

Schritt	Aufgenommen	Wilks-Lambda				Exaktes F			
		Statistik	df1	df2	df3	Statistik	df1	df2	Signifikanz
1	Geschlecht	,867	1	1	97,000	14,929	1	97,000	,000
2	Negative Affektivität PANAS	,808	2	1	97,000	11,429	2	96,000	,000

Bei jedem Schritt wird die Variable aufgenommen, die das gesamte Wilks-Lambda minimiert.
a. Maximale Anzahl der Schritte ist 16.
b. Minimaler partieller F-Wert für die Aufnahme ist 3.84.
c. Maximaler partieller F-Wert für den Ausschluß ist 2.71.
d. F-Niveau, Toleranz oder VIN sind für eine weitere Berechnung unzureichend.

Tabelle 3: Aufgenommene/Entfernte Variablen.
(Quelle: Eigene Darstellung.)

In einer Zusammenfassung der kanonischen Diskriminanzfunktionen werden zu Beginn die Eigenwerte aller berechneten Diskriminanzfunktionen auf einen gemeinsamen Wert summiert, der als eine Kennzahl dafür dient, wie akkurat die Diskriminanzfunktionen zwischen den Kategorien trennen können.[19] Da es sich bei diesem Datensatz um zwei Gruppen handelt, existiert auch nur eine Funktion sowie ein Eigenwert (s. Tab. 4).

Eigenwerte

Funktion	Eigenwert	% der Varianz	Kumulierte %	Kanonische Korrelation
1	,238ᵃ	100,0	100,0	,439

a. Die ersten 1 kanonischen Diskriminanzfunktionen werden in dieser Analyse verwendet.

Tabelle 4: Eigenwerte.
(Quelle: Eigene Darstellung.)

Ist die Streuung zwischen den Gruppen im Verhältnis zur Streuung innerhalb der Gruppen stark, liegt ein hoher Eigenwert vor. Hierbei sind die Funktionswerte innerhalb der Gruppen nah beieinander, während zwischen den Gruppen Unterschiede herrschen, wodurch die Funktionswerte die Gruppenzugehörigkeit präziser bestimmen.[20] Der vorliegende Eigenwert ist mit 0,238 entsprechend gering und gibt an, dass die Streuung zwischen den Gruppen das 0,24-fache der Streuung innerhalb der Gruppen ausmacht. Somit liegt dem Modell zwar eine gewisse Güte zugrunde, jedoch ist die Trennschärfe gering.

Wilks-Lambda

Test der Funktion(en)	Wilks-Lambda	Chi-Quadrat	df	Signifikanz
1	,808	20,504	2	,000

Tabelle 5: Wilks-Lambda und das Chi-Quadrat.
(Quelle: Eigene Darstellung.)

In einer weiteren Untersuchung des Modells wird mithilfe von Wilks-Lambda erneut die Nullhypothese geprüft (s. Tab. 5), ob sich die Gruppen in ihren Mittelwerten voneinander unterscheiden. Hierfür wird Wilks-Lambda in ein Chi-Quadrat transformiert, was in diesem Fall einen Wert von 20,504 annimmt. Der Signifikanzwert von 0,000 zeigt hier, dass nicht alle Gruppenmittelwerte der Funktion gleich sind. Dennoch kann der signifikante Unterschied zwischen den Mittelwerten gering sein, wodurch die Gruppenzuordnung nicht allein auf den Funktionswerten basieren sollte. Die Modellgüte muss aufgrund dieser Ergebnisse mit Blick auf die Gesamtheit aller Kennzahlen bewertet werden.[21]

---

[19] Vgl. Brosius (2018), S. 764
[20] Vgl. Brosius (2018), S. 765
[21] Vgl. Brosius (2018), S. 767-768

Struktur-Matrix

	Funktion 1
Geschlecht	,804
Negative Affektivität PANAS	,424
BFI Neurotizismus[a]	,359
BFI Gewissenhaftigkeit[a]	-,188
BFI Offenheit[a]	,178
Positive Affektivität PANAS[a]	,096
BFI Verträglichkeit[a]	,032
BFI Extraversion[a]	-,016

Gemeinsame Korrelationen innerhalb der Gruppen zwischen Diskriminanzvariablen und standardisierten kanonischen Diskriminanzfunktionen Variablen sind nach ihrer absoluten Korrelationsgröße innerhalb der Funktion geordnet.

a. Diese Variable wird in der Analyse nicht verwendet.

Tabelle 6: Struktur-Matrix.
(Quelle: Eigene Darstellung.)

Um den Beitrag jeder individuellen Variable einschätzen zu können, werden in der Struktur-Matrix (s. Tab. 6) die Korrelationen innerhalb der Gruppen zwischen den unabhängigen Variablen und der Diskriminanzfunktion aufgelistet. Die Verteilung richtet sich dabei nach der Größe der Diskriminanzkoeffizienten und ist in absteigender Reihenfolge gegliedert. Der höchste Koeffizient liegt bei 0,804 und ist der Variable des Geschlechts zuzuordnen. Die anderen Variablen weisen einen geringeren Koeffizienten auf, wobei die Extraversion den kleinsten Wert und damit den niedrigsten Erklärungsbeitrag leistet.

Fallweise Statistiken

			Höchste Gruppe P(D>d | G=g)		P(G=g | D=d)	Quadrierter Mahalanobis –Abstand zum Zentroid	Zweithöchste Gruppe	P(G=g | D=d)	Quadrierter Mahalanobis –Abstand zum Zentroid	Diskriminanz werte
	Fallnummer	Tatsächliche Gruppe	Vorhergesagte Gruppe	p	df			Gruppe			Funktion 1
Original	1	1	2**	,710	1	,532	,138	1	,468	,354	,107
	2	1	1	,172	1	,854	1,868	2	,146	5,442	-1,855
	3	2	2	,199	1	,849	1,647	1	,151	5,060	1,762
	4	1	1	,252	1	,825	1,313	2	,175	4,461	-1,634
	5	1	1	,055	1	,909	3,680	2	,091	8,319	-2,406
	6	2	2	,880	1	,584	,023	1	,416	,665	,327
	7	2	2	,288	1	,820	1,129	1	,180	4,116	1,541
	8	2	2	,464	1	,767	,536	1	,233	2,883	1,210
	9	2	1**	,355	1	,793	,856	2	,207	3,578	-1,413
	10	1	1	,415	1	,774	,664	2	,226	3,173	-1,303
	11	1	1	,946	1	,594	,005	2	,406	,808	-,420
	12	2	2	,085	1	,896	2,974	1	,104	7,240	2,203
	13	1	2**	,880	1	,584	,023	1	,416	,665	,327
	14	1	2**	,400	1	,786	,709	1	,214	3,270	1,320
	15	2	2	,085	1	,896	2,974	1	,104	7,240	2,203
	16	2	1**	,708	1	,521	,140	2	,479	,350	-,114
	17	1	1	,481	1	,755	,497	2	,245	2,792	-1,193
	18	1	1	,140	1	,867	2,182	2	,133	5,969	-1,965
	19	1	2**	,880	1	,584	,023	1	,416	,665	,327
	20	2	2	,199	1	,849	1,647	1	,151	5,060	1,762

Tabelle 7: Fallweise Statistiken (gekürzt).
(Quelle: Eigene Darstellung.)

15

Eine fallweise statistische Darstellung jedes einzelnen Falls ermöglicht einen präziseren Blick auf die jeweiligen Werte und ein besseres Verständnis des Modells. In Tabelle sieben sind die ersten 20 Fälle aufgelistet, wobei der letzte Fall hier als Bsp. zur Veranschaulichung der Werte dienen soll. Die äußerste rechte Spalte gibt für diesen spezifischen Fall einen Diskriminanzwert von 1,762 an, sodass die Versuchsperson mit einer Wahrscheinlichkeit von 84,9 % (s. Spalte „P(G=g | D=d)" unter höchster Gruppe) der zweiten Gruppe zugeordnet wird („Vorhergesagte Gruppe"). Die vorhergesagte Gruppe stimmt mit der tatsächlichen Gruppe überein, wobei es auch zu Abweichungen kommen kann wie bei Fall 19. Unter den 20 Fälle lassen sich sechs fehlerhafte Gruppenzuordnungen feststellen, die die bereits ermittelte geringe Trennschärfe des Modells bekräftigen. Das endgültige Ergebnis der Diskriminanzanalyse ist in der letzten Ausgabe in Tabelle acht ersichtlich.

Klassifizierungsergebnisse[a,c]

		Symptomgruppen (viele vs. wenige Symptome)	Vorhergesagte Gruppenzugehörigkeit wenige Symptome	viele Symptome	Gesamt
Original	Anzahl	wenige Symptome	25	24	49
		viele Symptome	10	40	50
	%	wenige Symptome	51,0	49,0	100,0
		viele Symptome	20,0	80,0	100,0
Kreuzvalidiert[b]	Anzahl	wenige Symptome	25	24	49
		viele Symptome	14	36	50
	%	wenige Symptome	51,0	49,0	100,0
		viele Symptome	28,0	72,0	100,0

a. 65,7% der ursprünglich gruppierten Fälle wurden korrekt klassifiziert.
b. Die Kreuzvalidierung wird nur für Fälle in dieser Analyse vorgenommen. In der Kreuzvalidierung ist jeder Fall durch die Funktionen klassifiziert, die von allen anderen Fällen außer diesem Fall abgeleitet werden.
c. 61,6% der kreuzvalidierten gruppierten Fälle wurden korrekt klassifiziert.

Tabelle 8: Finale Ausgabe der Klassifizierungsergebnisse.
(Quelle: Eigene Darstellung.)

In Tabelle acht sind nun die finalen Ergebnisse aufgeführt. Die Diskriminanzanalyse hat ergeben, dass das Modell 65,7 % der ursprünglich gruppierten Fälle korrekt klassifiziert hat. Betrachtet man die Werte ergibt sich, dass von insgesamt 49 Fällen der Gruppe „wenige Symptome" 25 Fälle (51 %) korrekt und 24 Fälle (49 %) falsch zugeordnet wurden. In der Gruppe „viele Symptome" wurden von insgesamt 50 Fällen 40 Fälle (80 %) richtig und nur 10 Fälle (20%) falsch bestimmt. Die Differenz zwischen den Werten ist bei der ersten Gruppe sehr gering, während die Trefferquote bei der zweiten Gruppe deutlich höher ausgefallen ist. Aufgrund des einfachen Modellansatzes ist die Fehlerquote von 34,3 % ein reputierliches Ergebnis. Im zweiten Teil der Tabelle wird das originale Ergebnis zur Sicherheit kreuzvalidiert, wobei der Wert nicht viel schlechter ausfallen darf. Mit 61,6 % ist das Ergebnis in diesem Fall im akzeptablen Abweichungsbereich.

2 Teilaufgabe 2: Das Streudiagramm

In diesem Kapitel wird das Streudiagramm näher erläutert, indem es vorerst theoretisch aufgearbeitet und anschließend mithilfe von SPSS erstellt wird. Das Unterkapitel 2.1 widmet sich dem theoretischen Teil und thematisiert den Einsatzbereich und Nutzen eines Streudiagramms sowie dessen Zusammenhänge mit einem prototypischen statistischen Kennwert. Daraufhin soll in Unterkapitel 2.2 mithilfe weniger Screenshots die Erstellung eines Streudiagramms in SPSS veranschaulicht werden.

2.1 Theoretische Grundlagen von Streudiagrammen

Ein zweidimensionales Streudiagramm veranschaulicht den Zusammenhang zwischen zwei stetigen Variablen in Form von Punkten entlang der x-Achse und y-Achse. Die gesetzten Punkte bilden für jeden Fall ein individuelles Wertepaar ab, sodass die daraus entstehende Punktwolke mögliche Zusammenhänge aufzeigen kann.[22] Die Form dieser Wolke gibt Aufschluss darüber, wie stark der Zusammenhang ist und in welcher Form er auftritt, wobei zwischen linearen und kurvilinearen Zusammenhängen unterschieden wird, die eine positive oder negative Ausprägung haben können.[23]

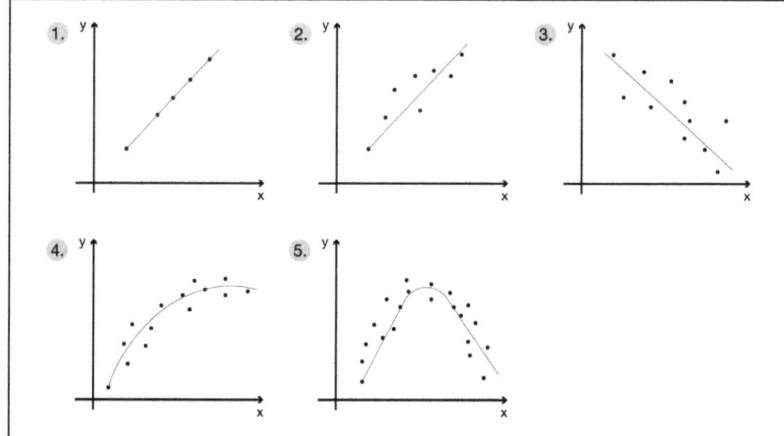

Abbildung 3: Formen von Zusammenhängen im Streudiagramm.
(Quelle: Eigene Darstellung.)

---

[22] Vgl. Leonhart (2008), S. 52; Wollschläger (2017), S. 541
[23] Vgl. Sedlmeier/Renkewitz (2008), S. 210-211

In Abbildung drei sind die verschiedenen Formen abgebildet, die eine Punktwolke in einem Streudiagramm annehmen kann. Die ersten drei Diagramme zeigen lineare Zusammenhänge, wobei die erste Punktwolke einen perfekten linearen Zusammenhang bildet, während im zweiten Streudiagramm ein erkennbarer, nicht perfekter positiver Zusammenhang zu sehen ist und die dritte Punktwolke einen ebenfalls erkennbaren, nicht perfekten negativen Zusammenhang modelliert. Das vierte und fünfte Diagramm zeigen jeweils einen kurvilinearen Zusammenhang zwischen den Punkten. Charakteristisch für einen linearen Zusammenhang ist die Anordnung der Datenpunkte, die annähernd durch eine Gerade beschrieben werden können, so wie es in den Streudiagrammen in Abbildung drei zu sehen ist. Der Verlauf dieser Geraden sollte den generellen Trend hinreichend gut wiedergeben können. Je näher die Wertepaare innerhalb der Punktwolke an der Geraden oder Kurve verteilt sind, umso stärker ist der Zusammenhang zwischen den Variablen ausgeprägt. Dadurch lassen sich die darauffolgenden Punkte genauer vorhersagen.[24] Welche Variable des Wertepaares auf der x- und y-Achse eingetragen wird, ist generell indifferent. Soll jedoch eine Variable für Vorhersagen genutzt oder als Ursache verstanden werden, muss die ursächliche Variable auf der x-Achse eingetragen werden.[25]

Zu jedem Streudiagramm wird ebenfalls ein Maß für die Stärke und Richtung des Zusammenhangs verlangt, dass durch den Produkt-Moment-Korrelationskoeffizienten ausgedrückt wird. Der Wertebereich liegt zwischen -1 und +1, wobei das Vorzeichen die Richtung des Zusammenhangs beschreibt. Somit liegt zwischen -1 und null eine negative Ausprägung und zwischen null und +1 eine positive Ausprägung vor. Sowohl -1 als auch +1 bilden einen starken Korrelationskoeffizienten mit perfektem Zusammenhang, während ein Wert von null keinen linearen Zusammenhang zwischen zwei Variablen ergibt.[26]

Der Zusammenhang zwischen einem Streudiagramm und einem statistischen Kennwert soll nun anhand eines konkreten Beispiels veranschaulicht werden. Bei einer Umfrage soll die Kausalität zwischen aggressivem kindlichem Verhalten und dem Konsum von gewaltdarstellenden TV-Programmen ermittelt werden. Der Index für den Konsum von Gewaltdarstellung wird hierfür mit den Werten null (kein Konsum) bis zehn (starker Konsum) gebildet, während die Rating-Skala für das Aggressivitätsniveau der Versuchspersonen im Wertebereich von null (nicht aggressiv) bis sieben (sehr aggressiv) definiert und durch externe Personen bewertet wird.[27]

---

[24] Vgl. Sedlmeier/Renkewitz (2008), S. 210-212
[25] Vgl. Sedlmeier/Renkewitz (2008), S. 208
[26] Vgl. Sedlmeier/Renkewitz (2008), S. 213
[27] Vgl. Sedlmeier/Renkewitz (2008), S. 207

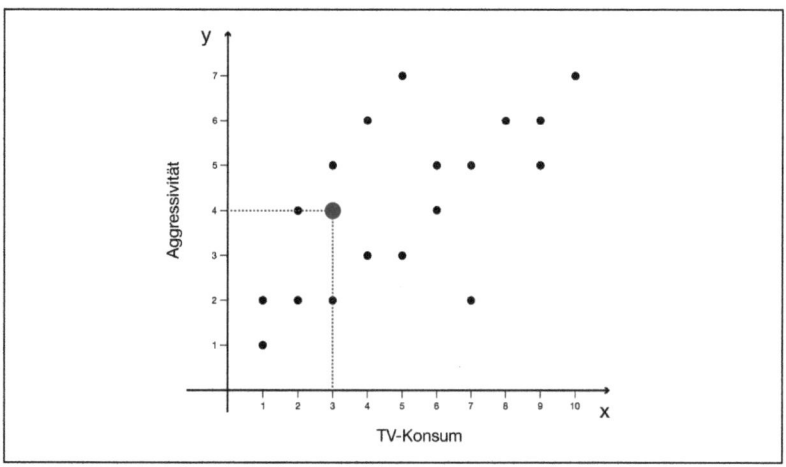

Abbildung 4: Kausalität zwischen TV-Konsum und Aggressivität.
(Quelle: Eigene Darstellung in Anlehnung an Sedlmeier/Renkewitz (2008), S. 208.)

Das Streudiagramm in Abbildung vier zeigt das Ergebnis der fiktiven Befragung zum Zusammenhang zwischen der Aggressivität der Kinder und ihrem Konsum von gewalt-darstellenden TV-Programmen. Das hervorgehobene Wertepaar veranschaulicht einen Fall mit x=3 und y=4. Diese Versuchsperson hat also einen eher niedrigen TV-Konsum und wird ebenfalls als unterdurchschnittlich aggressiv eingestuft. Die gesamte Punkt-wolke zeigt einen erkennbaren, nicht perfekten positiven Zusammenhang mit starker Ausprägung. Die genaue Stärke lässt sich aufgrund fehlender Datensätze nicht bestim-men, jedoch kann man von einem hohen Korrelationskoeffizienten ausgehen.

2.2 Anwendung in SPSS

Um in SPSS ein einfaches Streudiagramm erstellen zu können, müssen die klassischen Dialogfelder über den Grafik-Reiter ausgewählt werden. Am vorliegenden Datensatz, der eine Umfrage unter Studierenden beinhaltet, soll nun beispielhaft demonstriert werden, welchen Nutzen ein Streudiagramm haben kann, wenn der Anwender daran interessiert ist, den Zusammenhang zwischen zwei Variablen zu beurteilen. Im Menüfenster für die Erstellung eines einfachen Streudiagramms können nun die beiden ausgewählten Variab-len auf die x- und y-Achse aufgeteilt werden (s. Abb. 5). Mit der Bestätigung der Auswahl durch „OK" wird das Streudiagramm im Dialogfenster erstellt.

19

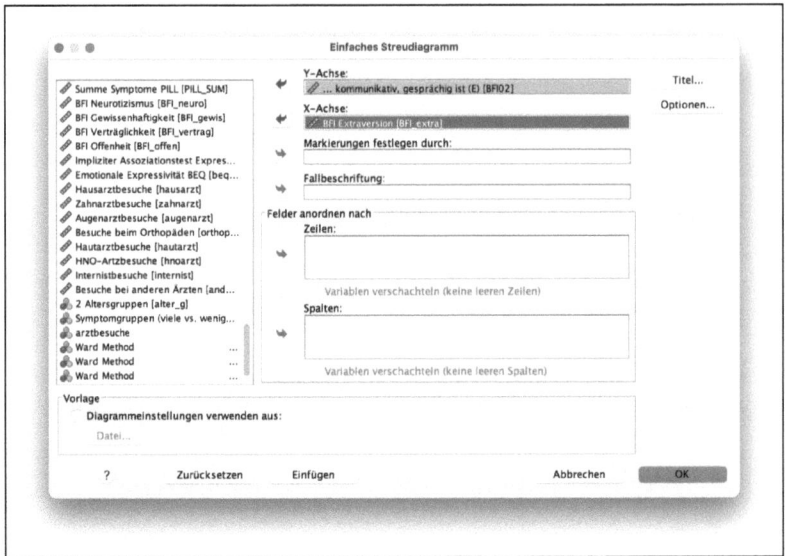

Abbildung 5: Menüfenster „Einfaches Streudiagramm".
(Quelle: Eigene Darstellung.)

Offensichtliche Zusammenhänge lassen sich zwischen den Variablen der Persönlichkeitsmerkmale und ihren dazugehörigen Items vermuten. Für das erste beispielhafte Streudiagramm sollen die beiden Variablen „Extraversion" (BFI_extra) und „... kommunikativ,
gesprächig ist" (BFI02) gegenübergestellt werden. Es ist zu erwarten, dass das Persönlichkeitsmerkmal der Extraversion in hohem Maße mit kommunikativen und gesprächigen Eigenschaften korreliert. Mithilfe eines Streudiagramms wird diese Vermutung zusätzlich geprüft und bestätigt (s. Abb. 6). Zusätzlich zu den Wertepaaren, die als Punkte
das Streudiagramm bilden, kann durch das Einfügen einer Anpassungslinie für die Ge-
samtsumme der Berechnung die Form des Zusammenhangs und dessen Ausprägung be-
urteilt werden. Mit der Auswahl der Anpassungslinie gibt SPSS automatisch auch den
Produkt-Moment-Korrelationskoeffizienten R^2 aus. Das Diagramm in Abbildung sechs
zeigt schließlich einen erkennbaren, nicht perfekten positiven Zusammenhang zwischen
dem Merkmal der Extraversion und einem kommunikativen und gesprächigen Verhalten.
Dabei ist die Stärke der Korrelation mit einem Koeffizienten von 0,7 relativ hoch.

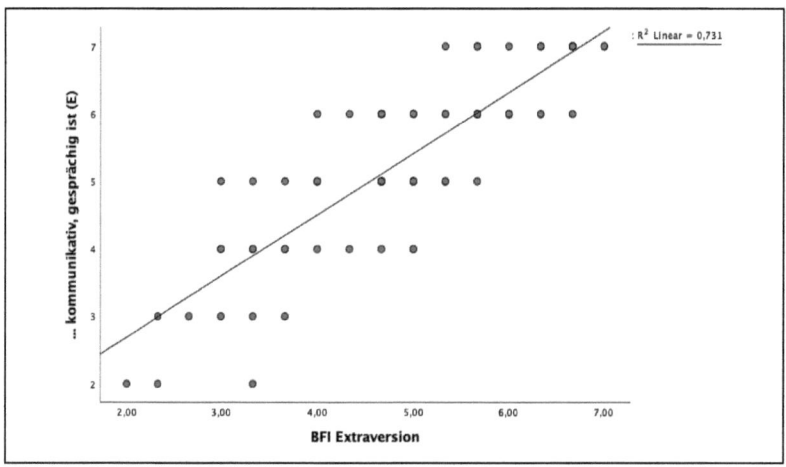

Abbildung 6: Streudiagramm: BFI_extra und BFI02.
(Quelle: Eigene Darstellung.)

Ein weniger nahe liegender positiver Zusammenhang zwischen zwei Variablen könnte zwischen dem neurotischen Persönlichkeitsmerkmal und einer negativen Affektivität bestehen. Um diese Vermutung nachzuprüfen, werden dieselben Schritte wie oben noch einmal durchgeführt, wobei diesmal die beiden Variablen „BFI_neuro" und „NA_g" ausgewählt werden. Das passende Streudiagramm ist in Abbildung sieben zu sehen.

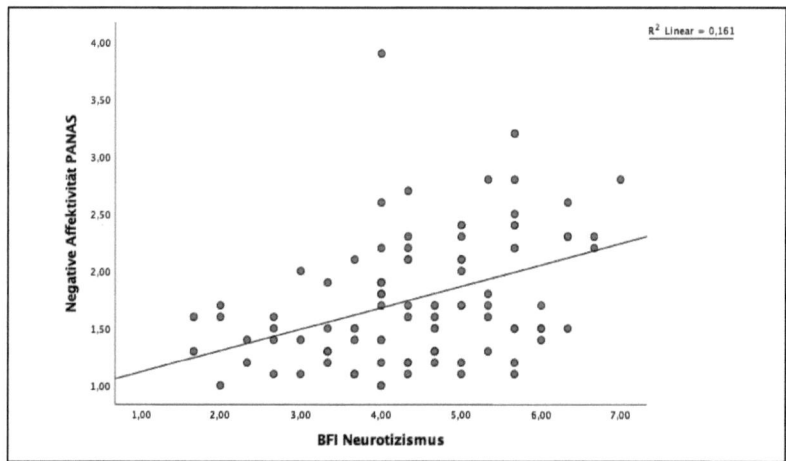

Abbildung 7: Streudiagramm: BFI_neuro und NA_g.
(Quelle: Eigene Darstellung.)

Auch zwischen diesen Variablen besteht ein erkennbarer, nicht perfekter positiver Zusammenhang, wobei die Stärke der Korrelation mit einem R^2-Wert von 0,16 wesentlich geringer ist als bei dem ersten Beispiel. Damit lässt sich feststellen, dass eine negative Affektivität zwar positiv mit dem Merkmal des Neurotizismus zusammenhängt, jedoch fällt die Ausprägung dieses Zusammenhangs relativ gering und dadurch schwach aus.

3 Teilaufgabe 3: Praktische Anwendungen am Beispiel

Im folgenden Kapitel werden nun deskriptive und inferenzstatistische Analysen an demselben beispielhaften Datensatz durchgeführt, der eine Stichprobe aus einer Befragung von 100 Studierenden bezüglich verschiedener Persönlichkeitsmerkmale und ihrem Gesundheitszustand enthält und bereits in den vorherigen Kapiteln verwendet wurde. Unterkapitel 3.1 befasst sich zunächst mit einer deskriptiven Beschreibung der Stichprobe. Anschließend folgt in Unterkapitel 3.2 eine multiple Regressionsanalyse mit mehreren Variablen, um die Vorhersagekraft verschiedener Persönlichkeitsmerkmale zu bestimmen und mit den Ergebnissen aus dem ersten Kapitel zu vergleichen. Abschließend werden die Ergebnisse der Analysen in Unterkapitel 3.3 in einem kurzen Fazit besprochen.

3.1 Deskriptive Analyse

Bevor komplexere Analysen durchgeführt werden, bietet es sich an, zuerst die Teilnehmer hinsichtlich ihres Alters zu beschreiben und die Geschlechterverteilung der Stichprobe zu definieren. Die Durchführung einer deskriptiven Häufigkeitsanalyse anhand der Altersvariable offenbart einige Informationen. Der jüngste Teilnehmer ist 18 Jahre jung, während der älteste Studierende 55 Jahre alt ist. Mit 19 % der Gesamtanzahl sind die meisten Befragten 20 Jahre alt. Die Altersgruppe zwischen 20 und 22 Jahren nimmt insgesamt 45 % der Teilnehmer ein, was in Anbetracht der Zielgruppe der Befragung logisch ist, da es sich nur um Studierende handelt. Mit einem Mittelwert von 24 und einer Standardabweichung von 6,2 kann festgestellt werden, dass 95 % aller Beteiligten zwischen 18 und 30 Jahre alt sind (s. Abb. 8). Dadurch, dass der Wert der Schiefe mit 2,73 deutlich positiv ist, kann von einer asymmetrischen Verteilung ausgegangen werden, die rechts entlang ausläuft. Je höher das Alter, desto weniger Teilnehmer lassen sich zuordnen. Der Wert wird durch die Normalverteilungskurve im Histogramm (s. Abb. 8) bestätigt.

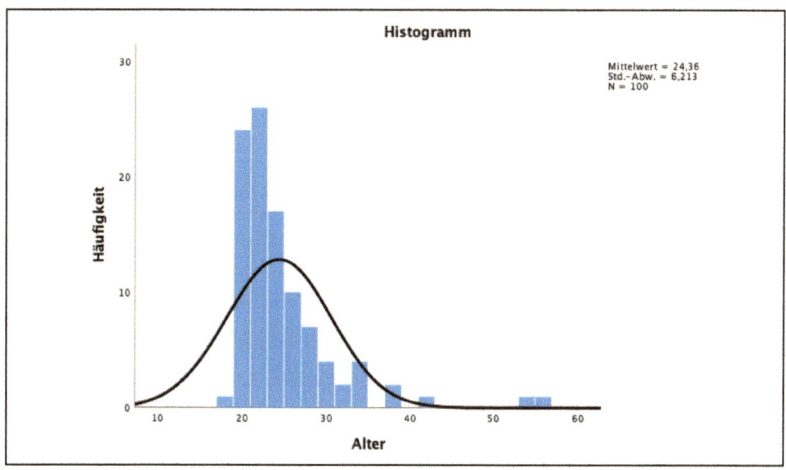

Abbildung 8: Histogramm: Altersverteilung.
(Quelle: Eigene Darstellung.)

Ein Blick auf die Geschlechterverteilung zeigt, dass der Anteil an weiblichen Teilnehme-rinnen mit 71 % deutlich höher ist als der Anteil männlicher Teilnehmer. Von den 100 Studierenden sind 29 Männer und 71 Frauen an der Befragung beteiligt (s. Abb. 9).

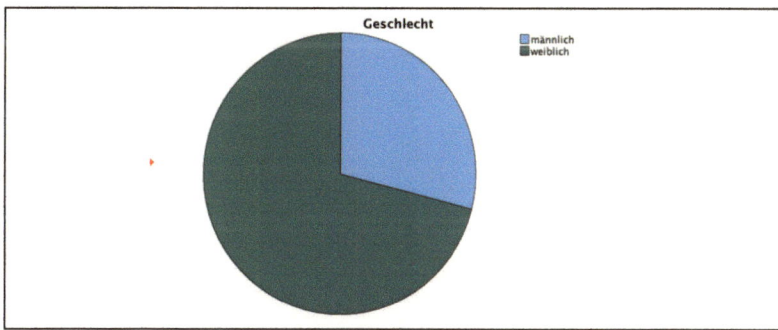

Abbildung 9: Kreisdiagramm: Geschlechterverteilung.
(Quelle: Eigene Darstellung.)

Bei den Variablen der Affektivität (PA_g, NA_g) fällt nach Durchführung einer deskrip-tiven Analyse auf, dass die meisten Teilnehmer eher positive als negative Affektivität zeigen. Im Fragebogen sind die Antwortmöglichkeiten ordinalskaliert, sodass SPSS für die Auswertung Werte zwischen 1,00 und 5,00 verwendet, also „gar nicht" bis „sehr".

23

Statistiken		Positive Affektivität PANAS	Negative Affektivität PANAS
N	Gültig	99	99
	Fehlend	1	1
Mittelwert		3,3756	1,7626
Modus		3,70	1,50
Minimum		2,20	1,00
Maximum		4,60	3,90

Tabelle 9: Deskriptive Statistiken zu PA_g und NA_g.
(Quelle: Eigene Darstellung.)

Wie in der obigen Tabelle zu sehen ist, wurden 99 von 100 Fällen in die Analyse aufgenommen. Der Mittelwert der positiven Affektivität ist mit 3,38 auf einem wesentlich höheren Niveau als der Mittelwert der negativen Affektivität, der 1,76 beträgt. Auch der maximale Antwortwert von 4,6 liegt bei der Variablen der positiven Affektivität deutlich höher. Mit Blick auf das ordinale Skalenniveau, das im Fragebogen verwendet wurde, zeigen die Werte, dass die Mehrheit der Befragten eher eine positive Affektivität aufweisen und sich selbst gar nicht bis kaum als negativ affektiv beurteilen. Die grafische Darstellung in Abbildung zehn verdeutlicht die Verteilung der Häufigkeiten nochmals.

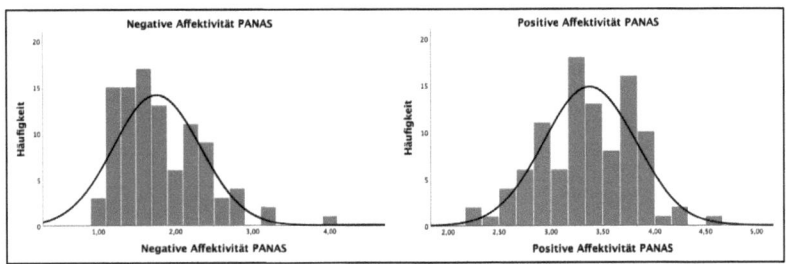

Abbildung 10: Histogramme: PA_g und NA_g.
(Quelle: Eigene Darstellung.)

Abschließend zur deskriptiven Analyse soll außerdem die Variable des Symptomberichts (PILL_SUM) beschrieben werden, die die Summe aller Symptome beinhaltet. Das Ausmaß der Anzahl der Symptome pro Teilnehmer ist mit Blick auf einen durchschnittlichen Wert von 103 relativ hoch, wobei ein Mindestwert von 59 und ein Maximalwert von 180 vorliegt (s. Abb. 11). Mit einer Standardabweichung von 24,59 liegen 95 % aller Werte ungefähr zwischen 79 und 127. Das Histogramm in Abbildung elf offenbart hier außerdem einen deutlichen Ausreißer zwischen den Werten 95 und 100 mit circa fünf bis zehn Beteiligten mehr, als es durch die Normalverteilung zu erwarten ist.

24

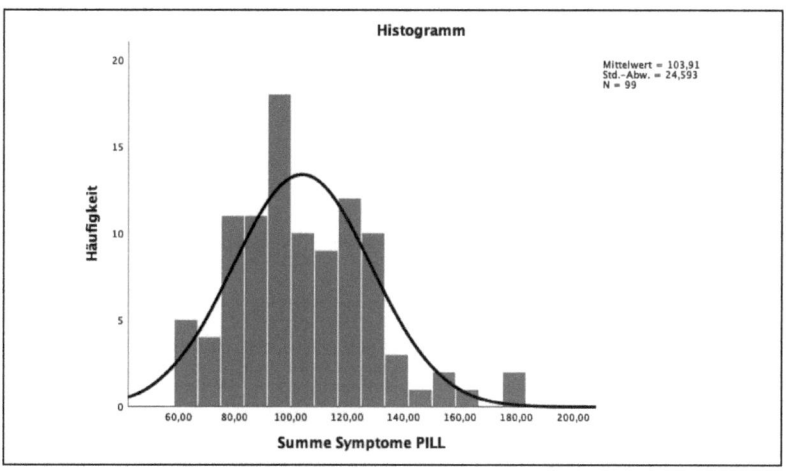

Abbildung 11: Histogramm: PILL_SUM.
(Quelle: Eigene Darstellung.)

3.2 Multiple Regressionsanalyse

Mit Blick auf den Symptombericht ist die Durchführung einer multiplen Regressionsanalyse sinnvoll, um herauszufinden, welche Prädikatoren für die Vorhersage der Summe
aller Symptome nützlich sind. Hierfür bieten sich die verschiedenen Persönlichkeitsmerkmale sowie die negative und positive Affektivität und das Geschlecht als offensichtliche
Prädikatoren an, bei denen von einer möglichen Vorhersagekraft für die endgültige Anzahl an beschriebenen Symptomen ausgegangen werden kann. Durch die multiple Regression kann dann bestimmt werden, welche Prädikatoren am effektivsten für die Vorhersage des Kriteriums sind. Die abhängige Variable wird durch den Symptombericht
(PILL_SUM) gebildet, während die unabhängigen Variablen die folgenden Prädikatoren
umfassen: Positive Affektivität (PA_g), negative Affektivität (NA_g), Extraversion
(BFI_extra), Neurotizismus (BFI_neuro), Offenheit (BFI_offen), Gewissenhaftigkeit
(BFI_gewis), Verträglichkeit (BFI_vertrag) und Geschlecht. Aufgrund einer Signifikanz
von 0,000, die mithilfe von SPSS errechnet wurde, kann an dieser Stelle davon ausgegangen werden, dass das Modell signifikante Ergebnisse liefern wird, was eine Vorausset-
zung für die Relevanz der folgenden Auswertungen darstellt.

Modellzusammenfassung[b]

Modell	R	R-Quadrat	Korrigiertes R-Quadrat	Standardfehl er des Schätzers	Durbin-Watson-Statistik
1	,556[a]	,309	,248	21,33253	2,280

a. Einflußvariablen : (Konstante), Geschlecht, Positive Affektivität PANAS, BFI Gewissenhaftigkeit, BFI Verträglichkeit, Negative Affektivität PANAS, BFI Offenheit, BFI Extraversion, BFI Neurotizismus

b. Abhängige Variable: Summe Symptome PILL

Tabelle 10: Modellzusammenfassung der multiplen Regression.
(Quelle: Eigene Darstellung.)

Die Modellzusammenfassung in Tabelle zehn gibt unter anderem Aufschluss über die Modellgüte, die mithilfe des korrigierten R-Quadrats, also dem Bestimmtheitsmaß festlegt, wie viel Prozent der Varianz des Kriteriums durch die Prädiktoren erklärt werden können.[28] Der Wert 0,248 gibt demnach an, dass 24,8 % der Varianz der abhängigen Variablen durch die unabhängigen Variablen definiert werden können.

Koeffizienten[a]

Modell		Nicht standardisierte Koeffizienten Regressionsk oeffizientB	Std.-Fehler	Standardisier te Koeffizienten Beta	T	Sig.	95,0% Konfidenzintervalle für B Untergrenze	Obergrenze	Kollinearitätsstatistik Toleranz	VIF
1	(Konstante)	72,073	32,211		2,238	,028	8,081	136,066		
	Positive Affektivität PANAS	-13,795	5,720	-,249	-2,411	,018	-25,159	-2,430	,720	1,389
	Negative Affektivität PANAS	15,943	4,836	,362	3,297	,001	6,336	25,551	,636	1,572
	BFI Extraversion	1,891	2,254	,090	,839	,404	-2,587	6,369	,670	1,491
	BFI Neurotizismus	1,766	2,310	,086	,765	,447	-2,823	6,356	,603	1,658
	BFI Gewissenhaftigkeit	-,127	3,522	-,003	-,036	,971	-7,124	6,869	,860	1,163
	BFI Verträglichkeit	-2,235	2,399	-,084	-,932	,354	-7,001	2,530	,938	1,066
	BFI Offenheit	4,439	2,412	,172	1,840	,069	-,353	9,231	,878	1,139
	Geschlecht	12,866	5,390	,237	2,387	,019	2,157	23,574	,780	1,282

a. Abhängige Variable: Summe Symptome PILL

Tabelle 11: Einzelne Koeffizienten der multiplen Regression.
(Quelle: Eigene Darstellung.)

Die Ergebnisse aus Tabelle elf veranschaulichen die eigentliche Auswertung der multiplen Regression. Jede unabhängige Variable ist einzeln aufgeführt, wodurch eine genaue Bestimmung der Vorhersagekraft für das Kriterium ermöglicht wird. Bevor näher auf die Signifikanz und Bedeutung der einzelnen Variablen eingegangen wird, ist die Kollinearitätsstatistik zu betrachten, die durch den Varianz-Inflations-Faktor (VIF) angibt, ob zwei oder mehrere Prädiktoren stark miteinander korrelieren und ob damit ein Problem der Regressionsanalyse vorliegt. Da die vorliegenden VIF-Werte alle unter fünf liegen, liegt keine Multikollinearität vor.[29] Der Signifikanzwert der unabhängigen Variablen verdeutlicht, welche der Prädiktoren tatsächlich nützlich sind, wobei es sich hier um die positive Affektivität mit einem Wert von 0,018, die negative Affektivität mit 0,001 und

---

[28] Vgl. Brosius (2018), S. 676
[29] Vgl. Brosius (2018), S. 676-677

das Geschlecht mit 0,019 handelt. Alle anderen Variablen haben einen zu hohen Wert und sind somit nicht signifikant für das Modell. Der Regressionskoeffizient gibt nun Aufschluss darüber, inwiefern die jeweilige unabhängige Variable Auswirkungen auf die Summe an Symptomen hat. Mit einem negativen Wert von -13,795 kann gesagt werden, dass eine positivere Affektivität die Anzahl an Symptomen verringert, während eine negativere Affektivität mit einem Koeffizienten von 15,943 die Summe an Symptomen erhöht, die ein Teilnehmer insgesamt zu beklagen hat. Ein Punkt auf der Skala der positiven Affektivität reduziert den Wert auf der Skala des Symptomberichts um 13,795 Stellen. Hingegen geht ein Punkt auf der negativen Affektivitätsskala mit einem Plus von 15,943 Punkten auf der Symptomberichtsskala einher. Dadurch, dass der standardisierte Koeffizient der negativen Affektivität höher ist, ist dieser Prädiktor gleichzeitig bedeutender für die Vorhersage des Kriteriums. Die letzte signifikante unabhängige Variable ist das Geschlecht mit einem Koeffizienten von 12,866. Da es sich hierbei um eine binäre Variable handelt, ist der Wert so zu interpretieren, dass mit einem Übergang von männlichen zu weiblichen Studierenden die Summe an Symptomen um 12,866 Punkte steigt. Dieser Wert ist jedoch vor dem Hintergrund der Geschlechterverteilung zu betrachten, da die Anzahl an Frauen in der Stichprobe deutlich höher ausfällt als die Anzahl an Männern. Die Persönlichkeitsmerkmale hingegen haben alle keinen signifikanten Vorhersagewert für das Kriterium. Betrachtet man die entsprechenden Koeffizienten und setzt die Werte in Relation zu denen der abhängigen Variablen, so zeigt sich, dass zum Beispiel 1,766 oder -0,127 zu gering sind, um die Summe an Symptomen zu beeinflussen.

Vergleicht man die Ergebnisse der Regressionsanalyse mit denen der Diskriminanzanalyse aus dem ersten Kapitel fällt auf, dass die Persönlichkeitsmerkmale bei beiden Analysearten insignifikante Werte ergeben haben, sodass hier mit Sicherheit davon ausgegangen werden kann, dass diese Variablen keinen vorhersagenden Charakter für die Summe an vermerkten Symptomen besitzen. Die beiden höchste Korrelationskoeffizient der Diskriminanzanalyse waren zum einen die Geschlechtsvariable und zum anderen die negative Affektivität, was ebenfalls mit den Ergebnissen der Regressionsanalyse übereinstimmt. Auffällig ist jedoch, dass die positive Affektivität im Rahmen der Diskriminanzanalyse keine hohe Vorhersagekraft aufgewiesen hatte, während die multiple Regression dort die zweithöchste Signifikanz festgestellt hat. Dies könnte daran liegen, dass sich die Diskriminanzanalyse auf die Vorhersage der Gruppenzugehörigkeit fokussiert hat, während die multiple Regressionsanalyse die generelle Anzahl an Symptomen betrachtet, bei denen die Variable der positiven Affektivität sehr wohl eine Rolle spielt.

3.3 Fazit

Die Ergebnisse der vorangegangen deskriptiven und inferenzstatistischen Analysen haben großen Aufschluss über die Zusammensetzung der befragten Stichprobe ergeben. Dadurch, dass die Umfrage aufgrund der Teilnahmebedingungen auf Studierende begrenzt war, ist ein deutlicher Anteil von ihnen noch in den frühen Zwanzigern, was wahrscheinlich Auswirkung auf die Antworten gehabt haben könnte, wobei diese Vermutung nicht praktisch geprüft oder nachvollzogen werden kann. Es ist dennoch naheliegend, dass die Summe an Symptomen bei einer älteren Altersgruppe deutlich höher ausgefallen wäre, als es wie in diesem Szenario unter jungen Erwachsenen der Fall ist. Auch die Geschlechterverteilung ist mit einer drastischen Mehrheit an weiblichen Studierenden besonders auffällig und sollte bei der Interpretation von Analyseergebnissen mitbetrachtet werden, um mögliche Missinterpretationen zu vermeiden oder entsprechende Werte falsch zu verwenden.

Neben den deskriptiven Daten hat die Durchführung der multiplen Regressionsanalyse eindeutig veranschaulichen können, dass die Persönlichkeitsmerkmale keinen Einfluss auf die Symptombeschwerden der Beteiligten haben. Ob die Teilnehmer nun offene, verträgliche, neurotische, extrovertierte oder gewissenhafte Eigenschaften aufgewiesen haben, ihre Persönlichkeit ist nicht für die Vorhersage der Summe an Symptomen geeignet. Vielmehr spielt die generelle Affektivität oder Grundstimmung des Menschen eine Rolle, da positiv affektive Teilnehmer weniger Beschwerden angegeben haben als diejenigen mit einer negativen Grundstimmung. Bezüglich der hohen Signifikanz des Geschlechts ist anzumerken, dass die Stichprobe überdurchschnittlich viele Frauen enthalten hat, sodass der Wert unvermeidlich in diese Richtung tendieren muss. Die allgemeine Modellgüte bleibt mit einem Bestimmtheitsmaß von 0,248 dennoch gering, wodurch die Aussagekraft der Prädikatoren zur Vorhersage der abhängigen Variablen beeinträchtigt ist. Dieser Umstand sollte daher bei der Verwendung der Ergebnisse berücksichtigt werden.

Literaturverzeichnis

Brosius, F. (2018), SPSS. Umfassendes Handbuch zu Statistik und Datenanalyse, 8. Aufl., Frechen.

Backhaus, K. / Erichson, B. / Gensler, S. / Weiber, R. / Weiber, T. (2021), Multivariate Analysemethoden. Eine anwendungsorientierte Einführung, 16. Aufl., Wiesbaden.

Leonhart, R. (2008), Psychologische Methodenlehre/Statistik, 1. Aufl., München.

Leonhart, R. (2017), Lehrbuch Statistik. Einstieg und Vertiefung, 4. Aufl., Bern.

Sedlmeier, P. / Renkewitz, F. (2008), Forschungsmethoden und Statistik in der Psychologie, 1. Aufl., München.

Trampisch, H. J. (1985), Diskriminanzanalyse. In: Deichsel, G. / Trampisch, H. J. (Hrsg.), Clusteranalyse und Diskriminanzanalyse, 1. Aufl., Stuttgart, S. 57-130.

Wollschläger, D. (2017), Grundlagen der Datenanalyse mit R. Eine anwendungsorientierte Einführung, 4. Aufl., Berlin.